I0000915

OBSERVATIONS

ADOPTÉES

par la Conférence des Avoués de 1re instance des Départements

SUR LA

PROPOSITION DE LOI DE M. TURQUET

RELATIVE A LA VENTE DES IMMEUBLES DES MINEURS

SUR LE RAPPORT DE

Me LEGRAND

Avoué à Versailles, Membre de la Commission.

BORDEAUX

IMPRIMERIE G. GOUNOUILHOU

11, RUE GUIRAUDE, 11

1879

OBSERVATIONS

ADOPTÉES

par la Conférence des Avoués de 1re instance des Départements

SUR LA PROPOSITION DE LOI DE M. TURQUET

RELATIVE A LA VENTE DES IMMEUBLES DES MINEURS

SUR LE RAPPORT DE

Me LEGRAND

Avoué à Versailles, Membre de la Commission.

PREMIÈRE PARTIE

MESSIEURS,

Vous êtes saisis de deux projets relatifs aux ventes d'immeubles

Le premier émane du gouvernement, et concerne la vente judiciaire des immeubles au-dessous de deux mille francs;

Nous avons présenté à une précédente commission nos observations sur ce projet et nous vous prions de vous y reporter.

Nous nous bornerons à insister, de plus en plus vivement, sur l'urgente et absolue nécessité de compensations immédiates.

Il ne suffit pas, comme le font platoniquement tous les auteurs des projets présentés, de déclarer nos tarifs surannés, et de nous accabler de démonstrations et de promesses bienveillantes.

Nous pouvons le dire avec la fermeté qui convient à l'importance et à la nécessité de notre rôle dans la bonne administration de la justice, les avoués souffrent impatiemment en attendant l'effet de ces promesses.

Ils sont las et mourants, en beaucoup de ressorts, des coups répétés que leur portent les lois nouvelles depuis tant d'années.

Il serait temps que des législateurs intelligents, éclairés, indépendants, se missent au-dessus de préjugés nés de l'ignorance, et prissent l'initiative de l'augmentation des tarifs.

S'il existe dans la procédure quelques formes antiques, ou quelques actes d'une utilité non démontrée, les avoués seront les premiers à suivre le législateur dans la voie qu'il tracera.

Mais aujourd'hui et provisoirement, pas n'est besoin de cet examen de détail; en attendant les augmentations promises, ou plutôt en attendant que les tarifs soient mis d'accord avec la valeur actuelle de l'argent, l'extension du tarif de Paris aux avoués de province, l'*unification* des tarifs, est une mesure dont l'application immédiate s'impose.

Nous ne reviendrons pas sur les considérations qui militent en ce sens, tout le monde admet le principe, nous demandons que l'accord de tous se manifeste en un acte.

Se borner à étendre le tarif de 1841 serait dérisoire.

Enlever à des avoués le quart, le tiers, la moitié, les trois quarts de leurs émoluments légitimes, et leur offrir une extension de tarif qui représenterait quelques francs à peine par licitation, ne serait-ce pas leur faire une aumône indigne et d'eux-mêmes et du législateur qui la proposerait?

Donc il faut que l'extension du tarif comprenne le tarif de 1807 et que la remise soit portée à un taux uniforme plus élevé dans toutes les ventes, pour permettre d'attendre le moment où l'augmentation des tarifs sera générale.

Comment une hésitation serait-elle permise, alors que tous les projets de loi en toute matière constatent les modifications économiques de la vie, élèvent les salaires, les traitements, proposent d'augmenter les compétences des juges de paix, et alors que toujours on se fonde sur la cherté de l'existence, sur la dépréciation de la valeur monétaire, etc.?

Qui donc osera défendre la tarification stationnaire de 1807?

Qui soutiendra la légitimité de ces expropriations partielles et successives, sans indemnité, qui privent les avoués de leurs attributions, de leur propriété?

Le dépouillement des tribunaux et des avoués n'est justifié d'ailleurs par aucun intérêt des justiciables.

On se borne à modifier les attributions;

On les transporte à d'autres;

Pourquoi? Dans quel but?

Les avoués ont-ils mal surveillé les intérêts des incapables que la loi leur a voulu confier?

Ces intérêts seront-ils mieux défendus par les notaires?

Quels griefs fait-on valoir contre les avoués pour les exclure de leurs attributions, confisquées au profit du notariat? Ont-ils démérité?

Les incapables ne sont-ils pas mieux représentés et protégés par des mandataires indépendants, agissant sous le contrôle de la justice, que par des mandataires forcément et même involontairement sous la dépendance morale des majeurs?

Ou bien, sont-ce les frais que l'on vise? Sur ce point, nous avons répondu et nous répondons encore. Ce n'est d'ailleurs pas en substituant des formalités à d'autres et en les confiant à d'autres agents qu'on réalise des économies de frais.

On n'y arriverait qu'en supprimant des formalités inutiles, s'il en est, ou en les dégrevant des droits du Trésor.

Il n'est pour cela besoin de supprimer les tribunaux et les avoués, et de les remplacer par des juges de paix et des notaires.

Cependant, non seulement nous ne sommes pas entendus, mais les projets se succèdent; et tous portent plus ou moins atteinte à nos attributions et à nos légitimes intérêts.

Vous êtes nantis par le renvoi qui vous en a été fait le 9 mars 1878, de l'examen d'une proposition de loi sur les ventes judiciaires d'immeubles appartenant à des mineurs.

Cette proposition de loi se rattache par certains points au projet de loi présenté par le gouvernement, et il nous paraît utile de proposer à vos réflexions les graves critiques qu'elle provoque.

Il faut remarquer dès l'abord qu'elle paraît inspirée à son auteur par une préoccupation peu justifiée.

L'opinion publique serait, dit-on, soulevée depuis longtemps contre les formalités écrasantes imposées à la vente des immeubles. Est-ce bien contre les formalités que l'opinion publique s'élève? Et si elle s'élevait à tort, ne serait-ce pas au législateur à l'éclairer sur son erreur?

Nous ne craignons pas d'affirmer que l'opinion publique, s'il est exact qu'elle soit si émue qu'on le veut dire, ne s'attaque pas aux formalités, qu'elle ne les trouve pas excessives, mais qu'elle se plaint des frais, et uniquement des frais qui sont exigés par le Trésor, sous forme de timbre, de droits fixes d'enregistrement et de droits proportionnels, de décimes, doubles décimes et demi-doubles décimes.

La loi présentée par le gouvernement donne satisfaction à ces plaintes dans les ventes de petits immeubles, pour faire disparaître la disproportion entre la valeur des immeubles et les frais.

Aussi a-t-on trouvé les avoués, malgré les inconvénients et les charges que cette loi leur impose, prêts à l'accepter et à la défendre dans les conditions qu'ils ont indiquées.

Mais le projet de loi respectait les garanties, étudiées, voulues par les lois précédentes, tandis que la nouvelle proposition les fait disparaître.

La procédure est modifiée, les garanties données par la loi aux mineurs sont sacrifiées; leur intérêt est mis de côté, cela est certain.

Les frais sont-ils diminués? Cela est douteux; autant vaudrait la liberté absolue qu'un tel système, car c'est la liberté déguisée, avec tous ses dangers, malgré des entraves impuissantes, inutiles et coûteuses.

Si l'on estime que les formalités sont inutiles, qu'on aborde franchement et de front ce débat, il ne sera pas difficile de démontrer l'utilité des formalités; mais de grâce, que l'on ne renverse pas obliquement la loi dans une procédure spéciale où l'intérêt des mineurs est dominant, et doit inspirer le plus de réserve.

L'examen de détail de la proposition de M. Turquet démontre d'ailleurs que le but proposé ne serait pas atteint, et il nous sera permis de signaler spécialement en quels points cette proposition est attaquable.

Nous n'entrerons cependant pas aujourd'hui dans un examen de détail où la critique pourrait facilement s'exercer, car nous protestons contre le but même de la loi et contre ses résultats, qui doivent la faire écarter dès l'abord.

Quel est le principe du législateur pour toutes les ventes de biens d'incapables? C'est que le Tribunal, c'est que la publicité sérieuse, c'est que la concurrence libre, sont le minimum des garanties nécessaires, et doivent être *effectives*.

Prenons quelques articles du nouveau projet, et nous verrons ce qui reste de ces garanties si indispensables.

L'article 954 supprime en principe l'homologation, par le Tribunal, de la délibération du conseil de famille autorisant la vente.

Le conseil de famille devient juge souverain, à moins que le juge de paix ne soit, ce qui sera un accident très rare, d'un avis contraire à la majorité.

Sans médire des conseils de famille, qui ne sait en pratique quelle indifférence ils apportent, quelles facilités ils donnent aux tuteurs, quel contrôle illusoire ils sont; quelle docilité, consciente ou non, ils mettent parfois à satisfaire les désirs des majeurs et du tuteur.

Quoi qu'il en soit, homologuée ou non, la délibération du conseil de famille a statué.

Qui vendra? — Le notaire désigné par le conseil de famille. — Pouvoir absolu du conseil de famille qui peut choisir tel notaire que ce soit, sans être obligé par aucune règle à choisir le notaire du lieu de situation de l'immeuble ou du lieu où la vente se fera plus avantageusement.

On a cru trouver une garantie dans la vente par le notaire, en ajoutant qu'elle aurait lieu devant le juge de paix du ressort de ce notaire : Est-ce sérieux?

Quel sera le rôle de ce juge de paix qui se transportera d'étude en étude dans son canton, ou de mairie en mairie, pour assister, personnage muet, rouage inutile et sans action, à des ventes qui peuvent durer des journées entières?

Il faudra prendre jour avec lui, ne pas vendre s'il est subitement empêché, ou inexact; sa présence sera souvent plus fictive que réelle.

Est-il possible de dire, avec l'auteur du projet, que les garanties que *doivent* offrir l'impartialité et les lumières des juges de paix, seront une sauvegarde suffisante des intérêts des mineurs?

Nous le nions absolument.

Le juge de paix, même présent, vigilant, zélé, ne sera pas toujours et partout apte à résoudre les questions qui peuvent surgir, et la garantie d'un juge unique, à le supposer suffisamment éclairé, libre d'influence, indépendant, ne sera jamais suffisante.

Et maintenant, si le notaire n'est pas désigné à l'unanimité, le président du tribunal du lieu où la succession s'est ouverte désignera le notaire sur requête. Qui fera valoir les raisons du choix de tel ou tel notaire?

En quoi cette procédure éloignera-t-elle les compétitions, comme le pense l'auteur de la proposition?

Elles se produiront auprès des membres du conseil, avec tous les dangers et les scandales des influences individuelles.

Puis, voici plus loin l'article 957, qui investit le juge de paix du droit d'approuver le cahier des charges, qui suppose un conflit entre le juge de paix et le notaire relativement aux modifications que réclamerait le magistrat :

Ou le juge de paix prendra l'habitude de viser sans contrôle, ou il entrera sérieusement dans le rôle qu'on veut lui donner;

Entre lui et le notaire, le différend sera tranché par le président du tribunal, en référé, *sans recours;*

Le juge de paix devient plaideur contre le notaire; est-ce digne?

Le juge unique défend sa sentence, lui-même sans doute, devant un autre juge unique, contre le notaire! Le juge de premier degré et l'agent de la loi plaident, entre eux, sans la partie.

Que penser de cette innovation, et quelles garanties y trouve-t-on? Quel rôle fait-on jouer au juge de paix et au notaire?

L'article 964 écarte, nécessairement, le ministère des avoués pour enchérir; en conséquence les acquéreurs enchérissent eux-mêmes, sans personne qui garantisse leur solvabilité.

Le projet de loi pousse bien plus loin son désir d'innover, et dans l'article 963 il s'étend même aux immeubles indivis entre les majeurs et les mineurs.

Il suffira qu'on soit d'accord.

L'accord d'un mineur *incapable*, avec les majeurs!

Mais c'est le mineur livré au bon plaisir du tuteur.

D'accord, est bientôt dit d'ailleurs; mais sur quoi, d'accord?

L'accord sur la nécessité de vendre suffit d'après le projet.

Mais le lotissement,

Les mises à prix,

Les conditions,

L'époque de vente,

Le lieu de vente,

Le choix du notaire,

Le plus important, tout cela restera livré au conseil de famille, au juge de paix, au notaire.

L'homologation devient obligatoire, il est vrai, en ce cas, sans qu'on voie bien la raison de cette différence, mais elle ne porte que sur la vente elle-même, car le tribunal règle ensuite lui-même tout le reste.

Et comme il faut être logique, comme on écarte le principe de la procédure contradictoire dans la *discussion*, ou, si le mot effraie, dans la *protection* des intérêts des mineurs contre les majeurs, on arrive à supprimer la contradiction elle-même, qui est la garantie essentielle d'une bonne justice. — Il faudra (art. 963) que la requête d'homologation soit présentée par un *seul* avoué.

De la sorte, on est bien assuré que l'avoué choisi sera l'avoué des majeurs, et que ceux-ci seront maîtres de la direction de l'affaire dans tous ses détails et toutes ses phases.

Au moins aura-t-on par l'adoption du projet atteint le but qu'il se propose? Suivons rapidement les évolutions de la procédure nouvelle :

1° Conseil de famille;

2° Homologation dans un cas donné;

3° Renvoi devant le juge de paix du ressort du notaire;

4° Requête pour faire désigner ce notaire, devant le président *du tribunal du lieu où la succession s'est ouverte;*

5° Expertise facultative pour arriver à la mise à prix, par *un* ou *trois* experts;

6° Serment des experts;

7° Rapport des experts déposé au greffe de la justice de paix;

8° Nouvelle réunion du conseil de famille, apparemment pour fixer la mise à prix d'après le rapport;

9° Cahier des charges;

10° Contestations sur ce cahier des charges en cas de dissentiment entre le notaire commis et le juge de paix de son ressort;

11° Référé devant le président du tribunal de l'arrondissement de ce juge de paix;

Nota. — Il faut ici remarquer cette bizarrerie d'une double compétence : dans la première phase, les conditions de la vente sont réglées par-devant le juge de paix et devant le tribunal de l'ouverture de la succession; et dans la seconde, la compétence est attribuée à un autre juge de paix et à un autre tribunal, le tout *sans recours;* de sorte que l'esprit et la lettre même des premières décisions peuvent être détruits par les secondes.

12° Publicité, — affiches, — procès-verbaux, — insertions ;
13° Appel du subrogé tuteur ;
14° Publicité supplémentaire facultative, autorisée par le juge de paix ;
15° Adjudication ;
16° Baisse de mise à prix, s'il y a lieu, avec convocation à nouveau du conseil de famille, et formalités nouvelles ;
17° Surenchère ou folle enchère devant le tribunal, d'après la procédure actuellement en vigueur.

Que l'on se donne la peine de comparer, et l'on verra que, malgré ses affirmations, le projet n'a rien simplifié.

En résumé :

Les formalités restent : les garanties seules ont disparu.

Le tribunal est remplacé par le juge de paix; le juge unique est substitué au juge collectif; le notaire remplace l'avoué; le renvoi devant un notaire est forcé, avantageux ou non, au lieu d'être facultatif, la publicité est moins assurée; la concurrence est moins libre. Tous les hommes de pratique connaissent les coalitions, les indiscrétions, les intimidations, les réserves, les ententes qui nuisent aux enchères devant notaire; on sait également en sens contraire que les enchères anonymes portées par avoués assurent l'entière liberté des amateurs et déconcertent toute entrave.

La garantie résultant de la responsabilité, souvent matérielle et toujours morale, pesant sur les avoués disparaît, par la faculté d'enchérir en personne.

Nous le répétons, la procédure n'est pas simplifiée, l'énumération qui précède le prouve; car la procédure actuelle n'y ajoute rien, et permet au contraire de marcher plus rapidement avec un contrôle plus réel et plus sérieux.

Les frais sont-ils au moins diminués?

Nullement.

Les juridictions sont changées; les attributions sont déplacées; là où la loi actuelle investit le tribunal, la loi nouvelle investit le juge de paix, le conseil de famille, le président en référé, exceptionnellement et en outre le tribunal.

Là où l'avoué procédait sous un contrôle efficace, éclairé, sérieux, le notaire sera maître avec l'apparence d'un contrôle forcément illusoire.

A-t-on pensé aussi qu'écarter l'avoué, c'est créer dans chaque justice de paix des conseils marrons, ignorants, besogneux, rapaces, qui escorteront les parties et même leurs adversaires, partout, même au cabaret?

Ainsi : garanties supprimées ou diminuées, formalités rendues plus complexes, frais augmentés ou maintenus, juridictions changées, attributions déplacées, dangers de toute nature créés, tels seraient les plus clairs résultats de l'adoption de la nouvelle proposition de loi.

Aussi n'hésitons-nous pas à penser qu'elle sera dès le principe repoussée, et qu'un nouvel hommage sera ainsi rendu à la sagesse de la loi.

DEUXIÈME PARTIE

OBSERVATIONS SUR L'AMENDEMENT PRÉSENTÉ PAR M. LANEL

Les observations qui précèdent étaient rédigées en vue de répondre à la proposition de loi de M. Turquet, lorsqu'a été présenté l'amendement de M. Lanel qui nécessite une réponse spéciale.

M. Lanel vous propose d'entrer plus résolûment encore dans une voie qui restreint de plus en plus le domaine judiciaire.

Nous n'hésitons pas à affirmer que l'adoption des propositions de MM. Turquet et Lanel porterait un coup funeste aux principes qui régissent en France la constitution de la société, de la famille, de la propriété, à l'existence des tribunaux, aux intérêts des incapables, aux droits et aux intérêts de toute une classe d'officiers ministériels, dépouillés de leurs attributions au profit d'autres officiers ministériels, sans indemnité pour eux et au grand préjudice des justiciables.

A le prendre dans son ensemble, l'amendement de M. Lanel, qui est une véritable et nouvelle proposition de loi, se distingue de la proposition de loi de M. Turquet par trois points principaux :

1° La suppression complète du pouvoir judiciaire (sauf l'homologation de la délibération du conseil de famille autorisant la vente) dans les ventes d'immeubles appartenant aux incapables, pour laisser le rôle unique et absolu au notaire ;

2° L'introduction dans la loi, des liquidations et partages amiables pour les successions mobilières et immobilières, entre mineurs ou entre majeurs et mineurs ;

3° La suppression de l'article 832 du Code civil, par la faculté « de ne pas » faire entrer dans chaque lot la même quantité de meubles, d'immeubles de droits » ni de créances. »

Avions-nous raison de dire, en commençant, que ces dispositions étaient le bouleversement des principes de notre droit civil ?

Assurément, nous ne voulons, ni ne pouvons, dans le cadre restreint que nous nous sommes imposé, soulever et discuter toutes les questions et objections que soulèveraient les innovations proposées ; il n'est besoin, devant une commission de législateurs aussi compétente et aussi clairvoyante, que de signaler le danger.

Aussi bien suffira-t-il à la Commission de se reporter aux observations présentées par les avoués en 1856, en 1857, en 1860 et surtout en 1867.

Aujourd'hui bornons-nous à un rapide examen.

A l'amendement de M. Lanel, comme au projet de M. Turquet, on doit faire un premier reproche : c'est de sortir du cadre de la procédure et de ne point courir au seul but poursuivi en apparence : la diminution des frais et la simplification de certaines formalités.

Ce n'est plus une économie de frais qui est poursuivie ; qu'on le veuille ou non, qu'on le dise ou non, qu'on le sache ou non, on nous conduit à la résurrection d'un système abandonné, contraire à toute organisation démocratique, à la suppression de l'égalité réelle des partages, en leur substituant l'inégalité des lots, l'attribution exclusive et arbitraire des valeurs à l'un des héritiers, la création indéfinie de soultes en argent, la concentration des immeubles dans une seule main, au lieu de la répartition que veut la loi ; c'est là ce qui intéresse les grands principes de notre droit, et ce qui ne peut être traité avec ampleur et maturité que dans une discussion directe, préparée, étudiée, mûrie, et non dans une loi de procédure.

Si l'on examine les conséquences de ces propositions de loi au point de vue de l'intérêt des incapables, nous avons dit trop de fois que la loi devait au faible une protection efficace contre le fort, au mineur contre le majeur, à l'incapable contre le capable, que cette protection devrait être rendue effective par des garanties réelles, sérieuses, par une discussion contradictoire, sous la surveillance et l'action impartiales, indépendantes et éclairées du pouvoir judiciaire, dont c'est une mission fondamentale, pour y revenir ; disons une fois de plus, cependant, que s'attaquer au principe des formalités actuelles, c'est faire fausse route. Les simplifier, s'il est possible, les rendre plus économiques, lorsque l'actif est moins important, sauf à trouver des compensations ailleurs, telle est la véritable voie ; et nous y avons suivi le Gouvernement lorsqu'il s'y est engagé en présentant le projet de loi soumis à vos délibérations sur la vente des petits immeubles.

Mais ce projet laisse subsister les garanties voulues par une loi sage et prudente ; il ne détruit pas l'action judiciaire ; si, au contraire, les propositions de loi sont admises, non seulement les garanties disparaissent, mais bientôt les tribunaux eux-mêmes les suivront et le pouvoir judiciaire passera de plus en plus aux mains de magistrats amovibles, de telle sorte qu'après avoir sacrifié une loi juste, on compromettra à la fois l'existence des tribunaux et l'inamovibilité de la magistrature.

Que restera-t-il, en effet, aux tribunaux (notamment de cinquième et sixième classe) lorsque les ventes et les liquidations leur auront été enlevées, et cela au moment où, d'autre part, quelques-uns proposent d'étendre encore la compétence des juges de paix? Ces tribunaux n'auront plus qu'à disparaître.

Qu'il nous soit permis d'ajouter : les avoués de ces tribunaux seront morts avant eux, et les avoués des autres tribunaux auront été sacrifiés dans leur propriété inviolable.

Nous savons que l'intérêt et le droit même d'une catégorie d'individus ne peut faire obstacle à une loi reconnue utile; mais, d'une part, nous soutenons et croyons démontrer l'injustice et les dangers de la loi projetée pour les justiciables; et, d'autre part, nous dirions, dans tous les cas, que nos attributions qui sont une partie de notre propriété ne peuvent être supprimées sans une indemnité.

Ici, nous le reconnaissons, nous arrivons à la partie la plus délicate de nos observations, délicate parce qu'il est toujours difficile de parler de soi-même, délicate parce qu'en parlant de nous, il nous faut, en même temps, parler d'autres.

Il est cependant nécessaire de vous répéter que la situation des avoués, surtout devant les petits tribunaux, loin de pouvoir supporter de nouvelles diminutions, nécessite un remède immédiat. Ce n'est point par des propositions semblables à celles que nous discutons, que la situation s'améliorera, que les avoués en exercice trouveront des ressources actuelles et la sécurité, et que les anciens avoués trouveront des successeurs qui leur manquent.

Nous devons encore redire qu'un des remèdes provisoires, serait non pas l'augmentation comme quelques-uns le disent à tort, mais l'unification du tarif établissant l'égalité entre tous les avoués, et faisant profiter les plus petits et les moins avantagés des droits accordés pour les mêmes actes, aux plus grands et aux mieux pourvus.

Mais pourquoi donc, loin de rendre aux avoués cette justice qui leur est due, les diminuer, les amoindrir, les détruire par morceaux, et supprimer même leurs attributions les plus nécessaires?

Nous ne voulons pas croire que ce résultat soit le but des innovateurs, mais involontairement les sages avertissements de nos anciens nous reviennent en mémoire, et nous nous bornons à vous redire ce passage de leurs observations en 1867 :

« Lorsque les avoués ont appris qu'un projet de loi, dont vous êtes également saisis, » devait largement étendre la compétence des juges de paix, ils se sont demandé, sans avoir » besoin d'attendre d'autres modifications que comporte peut-être encore la révision du » surplus du Code de procédure civile, si ce n'était pas la suppression des tribunaux de » cinquième et de sixième classe que le législateur voulait opérer et à laquelle il allait aboutir » presque immédiatement; la plupart d'entre eux ne devant plus conserver un nombre » d'affaires suffisant pour motiver leur maintien.

» Et ils ont fait ce trop facile raisonnement : Si les tribunaux près lesquels nous exerçons
» nos fonctions étaient législativement fermés, les offices d'avoués et de greffiers près ces
» tribunaux, supprimés pour cause d'utilité publique, seraient indemnisés sur le pied de leur
» valeur actuelle; mais si, par des lois modificatives de la procédure successivement votées,
» on leur enlève leurs attributions une à une, on arrivera bien, après un certain temps, à les
» supprimer tout à fait; mais dans l'intervalle notre lente agonie ne nous permettra même
» pas d'attendre le jour de l'indemnité.

» Cette crainte qu'ils expriment et qu'on doit bien leur pardonner, ils avaient raison de
» la concevoir en lisant les écrits de certains publicistes; mais ils sont tellement convaincus
» qu'une pareille combinaison n'a jamais pu être accueillie par le Ministre de la Justice, qu'ils
» la considèrent comme impossible dès qu'elle sera connue de lui.

» Permettez-nous donc, en maintenant comme fondée cette portée imprévue du projet
» de loi, de l'examiner dans son ensemble et dans ses détails, comme s'il pouvait se concilier
» avec l'existence des tribunaux d'arrondissement;

» Si le législateur croit que ces tribunaux pourront survivre à une révision du Code de
» procédure civile opérée dans le sens du projet de loi soumis au Conseil d'État, nous
» reproduisons ici l'affirmation que, dans nos convictions, cette coexistence est impossible, et
» nous appelons toute sa sollicitude sur les suites si graves d'un pareil événement;

» Si le législateur, ayant acquis la même conviction que nous, croyait néanmoins devoir
» passer outre, au nom d'un principe constitutionnel, « l'inviolabilité de la propriété », nous
» déposerions ici, dans l'intérêt de nos offices, de très respectueuses mais très fermes
» protestations. »

Non, ce ne peut être là le but, aujourd'hui comme alors; mais ne serait-ce pas
que derrière les réformateurs, et les inspirant, se cacheraient des membres égarés
du domaine amiable, cherchant à en sortir, et rêvant un accroissement d'attributions à nos dépens?

Nous attachons tant de prix à nos cordiales relations avec les notaires, nous
sommes si respectueux de leurs attributions, que nous hésitons à admettre que
l'intérêt personnel ait pu dicter à quelques-uns des tentatives si peu dignes d'eux.
Cependant on nous affirme de toutes parts, que les projets proposés sont inspirés
par un intérêt notarial, et il faut bien reconnaître que la chose est sinon vraie, du
moins vraisemblable. En effet, on substitue partout le notaire à l'avoué; sans
nécessité, même dans le système des propositions de loi. Rien ne s'opposerait en
effet, si le législateur acceptait les principes inadmissibles qu'on lui soumet, à ce
que l'avoué restât chargé des actes que les projets attribuent aux notaires.

En quoi l'intérêt des justiciables est-il engagé dans la substitution d'un agent
de la loi à un autre?

En quoi les avoués se sont-ils montrés incapables ou indignes d'accomplir les
actes que revendiquent les notaires? Si la loi doit être changée, ce que nous
n'examinons plus en ce moment, quelle qu'elle puisse être, son application ne sera
pas plus coûteuse en employant le ministère des avoués que le ministère des

notaires, car ceux-ci ne procèderont pas gratuitement, et le tarif des uns pourra toujours être le tarif des autres.

Pourquoi, dès lors, rencontrons-nous autour des propositions de loi qui nous occupent une propagande notariale se manifestant par des pétitions que les notaires colportent et font circuler et dans lesquelles les tribunaux et les avoués, ajoutons : et les incapables, sont sacrifiés?

Le législateur se tient heureusement dans des régions plus sereines et se détermine par des principes; c'est à ces principes que les avoués rattachent leurs critiques.

Ils ont dit dans la première partie de ce travail en quoi la proposition de loi de M. Turquet les méconnaissait : la proposition de loi de M. Lanel mérite, dans cet ordre d'idées, des critiques encore plus vives et expose les incapables à des dangers plus grands encore.

En effet M. Turquet impose au moins l'intervention d'un magistrat, le juge de paix; M. Lanel, plus logique et reconnaissant bien que cette garantie apparente n'a aucune efficacité, ni aucun moyen d'efficacité, la supprime, et investit le notaire, une fois la vente autorisée, de tous les pouvoirs, confondus en sa personne; et M. Lanel allant plus loin encore, et sous le voile de l'amendement, sortant du cadre même de la loi, bouleverse la matière des partages en conférant, toujours au notaire, la liberté de partager comme il l'entendra.

Il accepte, à la vérité, la nécessité d'une homologation judiciaire, mais cette homologation, que l'on pardonne la vulgarité de l'expression, mettra le tribunal dans une impasse, car il manquera de base légale pour repousser des appréciations laissées à l'arbitraire du notaire et ensuite au sien, et n'aura qu'un pouvoir illusoire; il ne pourra point modifier le travail, il ne pourra que refuser l'homologation, il hésitera à le faire, et s'il le fait, tout sera à recommencer et les parties devront alors, un peu tard, recourir aux formalités des articles 966 et suivants du Code de procédure.

Toutes ces considérations nous donnent l'espoir, Messieurs, que vous n'entrerez pas dans la voie où l'on veut vous entraîner, et si vous aviez la pensée que ces questions demandent une étude d'ensemble, nous vous solliciterions de ne point oublier ce que nous disions au Conseil d'État en 1867, dans le passage suivant que nous mettons sous vos yeux :

« Les trois intérêts engagés dans la révision du Code de procédure civile sont ceux :

» 1° Des justiciables, qui doivent profiter de la suppression de toutes formalités inutiles, » sous la seule condition que la protection que la loi leur doit à tous, surtout aux faibles et » aux incapables, ne sera pas diminuée.

» 2° Des agents de la loi, qui sont aussi des justiciables, qui représentent aussi un intérêt » respectable (la propriété par le travail), qui ne doivent jamais être un obstacle aux amélio- » rations législatives, mais qui doivent trouver, dans le travail que la loi leur impose, le » moyen de vivre honorablement;

» 3° Et enfin du Trésor public, c'est-à-dire de l'impôt, qui doit faire face à ses charges,
» mais ne passer qu'après les deux autres, parce que, représentant tout le monde, il est plus
» fort que chacun en particulier pour supporter des réductions qu'il peut réparer en
» s'adressant à tous, s'il le faut :

» Pour donner satisfaction au premier de ces intérêts (aux justiciables), qu'y a-t-il
» à faire ?

» La meilleure loi possible de procédure civile !

» Or, pour faire une pareille loi, il faut, suivant nous, des temps calmes, des hommes
» spéciaux, prendre l'avis des cours et tribunaux, faire appel à toutes les lumières, mettre les
» documents statistiques et autres à la disposition de tous, enfin et par-dessus tout, faire un
» travail d'ensemble, si l'on persiste à vouloir qu'il précède, au lieu de suivre, la réforme de
» certaines parties du Code civil, et notamment celle du régime hypothécaire.

» Et comme ce travail doit demander un certain nombre d'années, comme on peut
» vouloir ne pas en attendre la fin pour porter remède à un mal spécial que tout le monde
» déplore et qui se formule en ces termes : « Le poids des frais judiciaires trop lourd pour la
» petite propriété, » il suffirait, sous l'empire de la loi actuelle et pendant l'étude de celle qui
» doit la remplacer, de préparer un décret impérial dans la forme des règlements d'adminis-
» tration publique, portant que dans toutes les ventes judiciaires d'immeubles, lorsque le
» chiffre de l'adjudication pour tous les lots compris dans l'ensemble de la vente serait :
» 1° inférieur à mille francs, remise serait faite à l'adjudicataire ou aux vendeurs des trois
» quarts de tous les droits de timbre et d'enregistrement autres que celui proportionnel de
» l'adjudication; 2° de mille francs à deux mille francs, remise de la moitié de tous les dits
» droits; 3° de deux mille francs à trois mille francs, remise d'un quart de tous les dits
» droits; que, dans les trois cas ci-dessus, tous les salaires des agents de la loi seraient réduits
» de moitié seulement;

» Qu'enfin pour mettre l'administration de l'enregistrement à même d'opérer la remise
» des droits ci-dessus, les états de frais, dressés en la forme ordinaire et dûment taxés,
» seraient toujours annexés au procès-verbal ou jugement d'adjudication; que la mention
» d'enregistrement de l'acte constatant l'adjudication contiendrait le décompte des droits de
» chacun, que le montant en serait perçu par le receveur d'enregistrement et payé par lui
» à chacun des ayants-droit, dans la forme usitée pour l'assistance judiciaire.

» Cette situation transitoire permettrait d'attendre le tarif général qui devra accompagner
» le Code de procédure civile révisé.

» Pour donner satisfaction au second de ces intérêts (les agents de la loi), qu'y a-t-il
» à faire ?

» Après leur avoir imposé un sacrifice par la réduction de moitié de leurs droits actuels,
» en faveur de la petite propriété, leur accorder, dans la période transitoire et par le même
» décret, une compensation, en élevant d'abord jusqu'à vingt mille francs la base de dix mille
» francs qui fixe aujourd'hui au chiffre de un et demi pour cent la remise proportionnelle
» allouée par le tarif du 10 octobre 1841, et, ensuite, en rendant applicables à tout l'empire
» dans les tarifs de 1807 et de 1841 les chiffres fixés pour Paris seulement.

» Pour donner satisfaction au troisième de ces intérêts (le Trésor public ou l'impôt), qu'y
» a-t-il à faire ? Afin d'éviter un déficit dans les recettes, il suffirait de rétablir l'équilibre, soit

» par un droit supplémentaire de timbre, perçu graduellement sur les prix d'adjudication
» supérieurs à ceux dégrevés, soit par un droit de timbre proportionnel aux juridictions sur
» tout papier timbré employé en justice de paix, en première instance, en appel et en
» cassation;

» Cette satisfaction transitoire et urgente, donnée à des intérêts également respectables,
» permettrait d'étudier plus profondément et dans son ensemble ce grand mécanisme de la
» procédure civile, dont la simplification est certainement possible, mais ne saurait être
» improvisée sans danger. »

Nous ne saurions mieux dire.

Sur l'intérêt des justiciables, nous n'avons rien à ajouter, si ce n'est que le
projet de loi du Gouvernement, avec les amendements dont il est susceptible,
donne satisfaction au vœu exprimé en 1867.

Quant au Trésor public, nous laissons au Gouvernement le soin de le défendre;
et nous avons moins besoin d'attirer la sollicitude sur lui que sur nous-mêmes.

Mais, et nous terminons par là, en ce qui concerne l'intérêt des agents de la
loi, le temps écoulé, les événements survenus, les charges nouvelles rendent la
solution plus urgente que jamais.

POUR LES AVOUÉS DE PREMIÈRE INSTANCE DES DÉPARTEMENTS :

Les Membres du Bureau de la Conférence :

Signé : Boulan ✳, président (Bordeaux); Delaunay, vice-président (Corbeil); Poulle,
trésorier (Amiens); Bonne, secrétaire (Bar-le-Duc); Hélie (Niort); Bouchardeau
(Tours); Campion (Pithiviers); Desrousseaux (Lille); Dauteroche (Béziers);
Dussol. (Périgueux); Encelain (Château-Thierry); Feautrier (Marseille);
Frémont (Bernay); Lebbé (Condom); Malandin (Rouen); Legrand, secrétaire
adjoint, rapporteur (Versailles).

www.ingramcontent.com/pod-product-compliance
Lightning Source LLC
Chambersburg PA
CBHW050417210326
41520CB00020B/6638